QUELQUES MOTS

SUR LES

BIBLIOTHÈQUES FRANÇAISES

A PROPOS DE LA

PROPOSITION DE LOI

Portant réorganisation générale des Archives de France

PAR

J. LAUDE

(Extrait du *Bibliographe moderne*, 1904, nᵒˢ 3-4)

BESANÇON

TYPOGRAPHIE ET LITHOGRAPHIE JACQUIN

—

1904

QUELQUES MOTS SUR LES BIBLIOTHÈQUES FRANÇAISES

A PROPOS DE LA

PROPOSITION DE LOI

PORTANT RÉORGANISATION GÉNÉRALE

DES ARCHIVES DE FRANCE

La proposition de loi portant réorganisation des archives de France, publiée en annexe au procès-verbal de la séance du 8 février dernier de la Chambre des députés, a soulevé, de la part des archivistes, les critiques les plus vives et, sur certains points, les plus justifiées, mais je ne sache pas qu'elle ait été, de la part des bibliothécaires, l'objet d'une discussion sérieuse, et à tort, car elle les concerne au moins autant que les archivistes.

Il est vrai que rien, ni dans le titre que nous reproduisons fidèlement ci-dessus, ni dans l'exposé des motifs assez long qui précède la proposition de loi, ne pourrait le faire supposer. Dans un passage extrait de l'intéressant rapport de M. Simyan sur le budget du ministère de l'instruction publique, et reproduit par M. Deville, il est bien incidemment question des bibliothèques, mais en termes si généraux qu'ils ne peuvent soulever d'observations. Il faut arriver au texte de la proposition de loi elle-même pour s'apercevoir qu'elle s'applique aussi bien aux bibliothèques qu'aux archives, et que, sous le titre II : « École nationale professionnelle des archivistes-bibliothécaires », elle prévoit un système de recrutement du personnel sensiblement différent de celui qui est à l'heure actuelle en vigueur.

D'où vient donc que le rapporteur, après s'être occupé exclusivement, dans son exposé des motifs, des archives et des archivistes, fasse brusquement entrer les bibliothèques dans le cadre du projet de loi, sans avoir au préalable fourni le moindre renseignement sur leur situation présente? Certainement, de ce fait que la commission parlementaire, chargée d'étudier le projet, a assimilé, d'une façon absolue, les bibliothèques aux archives, sans prendre garde qu'il s'agit là de deux catégories d'établissements qui, en raison même des différences qui existent dans leur composition, leur organisation, leurs méthodes et les services qu'ils sont appelés à rendre, possèdent chacun leur individualité propre, et ne se ressemblent que par leur caractère commun de foyers d'étude et d'offices intellectuels.

Cette première confusion, extrêmement regrettable, a suffi pour fausser, en ce qui concerne les bibliothèques, toute l'économie du projet. Ce projet peut se résumer ainsi : *Transformation de l'École des chartes en une école nationale professionnelle d'archivistes-bibliothécaires, chargée de fournir indistinctement, aux archives et aux bibliothèques d'État, un personnel d'archivistes et de bibliothécaires compétents.*

On a déjà montré ailleurs que, toute question de programme mise à part, le changement de titre que comporterait pour l'École des chartes la réforme proposée, modifierait profondément sa physionomie. Dépouillée par le fait de son caractère scientifique, réduite au rôle d'école purement technique, elle n'aurait plus comme élèves, ainsi qu'on l'a fait remarquer, que des aspirants archivistes ou bibliothécaires [1]. Mais sans même examiner ici si cette *diminutio capitis* d'une école d'érudition célèbre entre toutes n'aurait pas des conséquences fâcheuses pour l'avenir de nos études historiques du moyen âge, on peut se demander si, même au point de vue professionnel, la préparation donnée par le nouvel établissement aurait des résultats heureux.

Le programme des cours, dit l'article 12 du projet de loi,

---

1. Cf., à ce sujet, la lettre de M. Meyer et l'article cités dans la note précédente.

comprendra toutes les matières dont la connaissance est néces-
saire à la gestion des archives et des bibliothèques. En d'autres
termes, les élèves de la nouvelle école recevraient une instruction uniforme donnant accès, indistinctement, soit aux fonctions
d'archiviste, soit à celles de bibliothécaire ; or, si l'on veut bien
reconnaître que la « science des bibliothèques » et la « science
des archives, » pour employer l'expression allemande, consti-
tuent des disciplines ayant des points de contact nombreux,
mais néanmoins parfaitement distinctes, si l'on réfléchit d'autre
part que la gestion des archives et celle des bibliothèques diffè-
rent, comme nous le disions plus haut, essentiellement l'une
de l'autre, et que cette différence est une conséquence fatale de
la nature particulière des fonds qu'elles ont mission d'adminis-
trer, on en arrivera à penser avec nous qu'un programme ayant
la prétention de préparer, en même temps, aux fonctions d'archiviste et à celles de bibliothécaire, serait, en raison même de
son caractère hétérogène, impossible à appliquer.

Est-ce à dire qu'il n'y ait pas de points communs entre les
études de l'aspirant bibliothécaire et celles de l'aspirant archiviste ? Nullement. La paléographie française et latine, l'histoire
du papier, de l'écriture, du livre, des origines de l'imprimerie,
l'histoire et le classement des manuscrits, autant de sujets qui
doivent former en quelque sorte la base de leurs études profes-
sionnelles et leur offrent, par conséquent, matière à travail
commun. Mais après ? L'étude approfondie de la diplomatique,
par exemple, ou de l'histoire des institutions de la France, tout
à fait indispensable au futur archiviste, ne présente pas, tant
s'en faut, le même degré d'utilité pour le bibliothécaire. Par
contre, ce dernier devra posséder nombre de connaissances
dont, au point de vue professionnel, l'archiviste peut parfaitement se passer. C'est ainsi qu'il lui sera nécessaire d'avoir des
notions aussi précises et aussi étendues que possible sur la classification générale et l'histoire des sciences, sur l'histoire littéraire des divers pays, sur la bibliographie universelle, et qu'il
devra être familiarisé avec les multiples questions de la bibliothéconomie. L'archiviste n'a pas besoin de langues étrangères,
le bibliothécaire doit être capable de lire couramment au moins

l'allemand et l'anglais, et il faudrait ajouter l'italien et l'espa-
gnol, pour pouvoir remplir convenablement ses fonctions. D'une
façon générale, l'instruction de l'archiviste est conditionnée, en
quelque sorte, par la nature spéciale et nettement déterminée
des documents qu'il aura plus tard à classer, et circonscrite,
par le fait même, dans des limites précises ; celle du bibliothécaire, au contraire, en raison du caractère de plus en plus général et international qu'ont pris nos bibliothèques, exige des
connaissances sans doute moins profondes, mais infiniment
plus variées. Et c'est ce qui fait que l'obligation imposée à tous
les élèves de la nouvelle école, par l'article 13 de la loi, de justifier du diplôme de licencié ès lettres, est à la fois, au moins
pour les bibliothécaires, insuffisante et arbitraire. Qu'on exige
des candidats la preuve qu'ils ont une instruction scientifique
sérieuse, rien de mieux. « Celui-là seul, a-t-on dit [1], qui connaît
« les méthodes du travail scientifique est apte à remplir, d'une
« façon convenable, le poste de bibliothécaire. C'est en s'adon-
« nant à l'étude approfondie d'une science spéciale qu'on arrive
« à se fortifier l'esprit, à l'affiner, pour mieux dire, et qu'on
« devient capable de s'orienter rapidement dans des sciences
« qui nous étaient jusque-là inconnues, au point de pouvoir en
« suivre le développement et les progrès. Il est donc nécessaire
« que tout bibliothécaire ait acquis, dans l'une ou l'autre des
« branches de la science, une érudition étendue et soit au cou-
« rant des procédés de la recherche scientifique. » Mais il est
bien entendu que cette érudition ne doit pas être uniquement
et forcément littéraire. Les grandes bibliothèques allemandes
qui peuvent, à l'heure actuelle, servir de modèles [2], ne comp-
tent pas, parmi leur personnel, que des historiens ou des philo-
logues (bien qu'ils soient en majorité), mais aussi des juristes,

---

1. Article de Schultz dans *Centralblatt für Bibliothekswesen*, Bd. I,
p. 490. Le passage que nous citons se trouve reproduit dans le *Manuel de
Bibliothéconomie* d'Arnim Graesel, traduit par J. Laude (Paris, Welter, 1897),
p. 446-447.

2. Voir, à ce propos, les renseignements que nous avons donnés dans deux
articles précédemment parus : « Les Bibliothèques universitaires allemandes
et leur organisation » (*Revue des Bibliothèques*, 1900) et les « Bibliothèques
publiques, leur importance et leur rôle » (*Revue d'Auvergne*, 1901).

des médecins, des théologiens, des chimistes, etc. [1]. Les auteurs du projet ont-ils réfléchi que nos bibliothèques universitaires possèdent maintenant des collections scientifiques, juridiques, médicales fort importantes et que, pour les classer méthodiquement, des connaissances spéciales sont, sinon dans tous les cas indispensables, du moins fort utiles ? Un bibliothécaire expérimenté et intelligent arrivera, sans doute, à cataloguer exactement des ouvrages d'histoire naturelle, de droit ou de médecine, bien que n'ayant jamais étudié ces différentes sciences, mais ce ne sera parfois qu'à la suite de recherches minutieuses, c'est-à-dire au prix d'une perte de temps que la présence de collaborateurs, spécialisés dans ces branches diverses, lui eût naturellement évitée. Nos bibliothèques ayant un caractère nettement encyclopédique, il serait, semble-t-il, imprudent d'en fermer l'entrée à des candidats qui, pour n'avoir pas les connaissances littéraires d'un licencié ès lettres, n'en sont pas moins capables de faire d'excellents bibliothécaires, et de rendre des services signalés.

Il est bien évident toutefois que cette nécessité, qui, selon nous, s'impose, de recruter le personnel non dans une catégorie de travailleurs déterminés, mais indistinctement parmi tous ceux qui peuvent justifier d'une instruction supérieure suffisante, rend difficile la création d'une école spéciale.

Comment concilier, en effet, les nécessités du travail universitaire, à la Faculté de médecine ou à la Faculté de droit de Paris, par exemple, avec l'obligation de fréquenter pendant trois ans, et d'une façon assidue, l'école professionnelle qu'on voudrait instituer ? La vérité est que la création de cette école, bien loin d'être utile, serait plutôt fâcheuse. Pourquoi, au lieu de poursuivre un projet que tous les hommes compétents seront unanimes à condamner, ne pas chercher simplement à améliorer le système de recrutement actuel, en tenant compte de l'expérience acquise, et en tâchant de profiter de ce qui, dans cet ordre d'idées, a été fait à l'étranger ?

En ce moment, il n'y a pas, pour nos bibliothèques françaises.

1. Cf. Graesel, *op. cit.*, p. 446.

de recrutement uniforme. Les examens, imposés aux candidats, varient suivant l'établissement dans lequel ils se proposent d'entrer. L'admission aux grandes bibliothèques de Paris, Nationale, Mazarine, Sainte-Geneviève et de l'Arsenal, n'est prononcée, on le sait, qu'à la suite d'un examen spécial, dont sont dispensés les élèves diplômés de l'École des chartes et de l'École des langues orientales vivantes [1].

L'examen donnant accès aux bibliothèques universitaires, et dont le programme a été fixé par le décret du 20 décembre 1893, est au contraire obligatoire pour tous les candidats. Il ne peut être passé qu'après un stage d'au moins un an dans une bibliothèque universitaire, stage dont la durée est réduite à six mois pour les licenciés ès lettres et ès sciences, les docteurs en droit ou en médecine, les archivistes paléographes et les diplômés de l'École des hautes études.

Un troisième examen a été créé en 1898 pour les candidats aux fonctions de bibliothécaire municipal dans une bibliothèque classée, qui ne sont pourvus ni du diplôme d'archiviste paléographe ni du certificat d'aptitude aux fonctions de bibliothécaire universitaire.

Enfin, comme si ce dernier examen n'offrait pas suffisamment de garanties (et, à vrai dire, ainsi que nous le montrerons plus loin, peut-être ces garanties ne sont-elles pas toujours suffisantes), certaines villes ouvrent maintenant des concours spéciaux [2], en imposant aux candidats des conditions qui pourront varier à l'infini, tout en laissant parfois, cependant, une place assez large à la faveur.

Cette situation, que nous n'avons fait qu'esquisser à grands traits, comporte, ainsi qu'il est facile de s'en rendre compte, un abus de programmes et d'examens d'autant plus regrettable

---

1. A tort selon nous, car s'il est sorti d'excellents bibliothécaires de ces deux écoles, il n'en est pas moins vrai qu'elles ne préparent directement ni l'une ni l'autre (et la seconde, cela va sans dire, encore beaucoup moins que la première) à la carrière de bibliothécaire.

2. C'est ce qui a été fait récemment par la ville de Lyon. Voir à ce sujet l'arrêté du maire de Lyon en date du 20 juillet 1903. Le *Bibliographe moderne* l'a annoncé à son heure.

qu'il aboutit à créer, entre chaque catégorie de bibliothèques, de véritables cloisons étanches [1].

A ce point de vue, le projet de loi que nous discutons aurait, au moins, l'avantage d'unifier le système de recrutement, mais on arriverait exactement au même résultat en instituant un programme d'examen unique, donnant accès à toutes les bibliothèques.

Les différents programmes auxquels nous avons fait allusion plus haut sont tous plus ou moins incomplets et, d'une façon générale, trop exclusivement techniques [2]. La plupart ne comprennent pas de langues étrangères, alors qu'il serait indispensable d'exiger de tous ces candidats une connaissance suffisante d'au moins trois langues, en imposant l'allemand et l'anglais comme obligatoires et en laissant le candidat libre de choisir la troisième langue sur laquelle il désirerait être interrogé. Mais rien ne serait plus facile que d'élaborer un programme dans lequel on ferait entrer toutes les matières dont l'étude approfondie est nécessaire au bibliothécaire, et qui pourrait ensuite servir de base à un concours sérieux. Nous indiquerons plus loin, brièvement, ce que pourrait être ce programme. Pour le moment, qu'il nous suffise d'appeler l'attention sur l'importance du concours que nous préconisons, concours qui présenterait toutes les garanties voulues, en excluant presque fatalement, en raison même de sa difficulté, les candidats incompétents.

Il devrait être précédé d'un stage suivi, dans une bibliothèque, pendant au moins un an ; et si j'insiste sur ce point, dont il n'est même pas fait mention, — et c'est une lacune grave, — dans le projet de loi, c'est que, ainsi qu'on l'a fort justement dit, « *la Bibliothèque est la véritable école du bibliothécaire* ». Ce stage pourrait se faire soit dans une des grandes bibliothè-

1. Il n'en est pas ainsi, bien loin de là, en Allemagne, et il suffit pour s'en convaincre de suivre les renseignements fournis chaque mois par le *Central-blatt für Bibliothekswesen*, dans ses « Personalnachrichten. »

2. Le programme le mieux fait et le plus complet est, incontestablement, celui qui a été établi pour l'examen des bibliothèques universitaires. Avant donc de supprimer le diplôme auquel il donne droit, comme le propose l'article 15 de la loi, peut-être eût-il été utile de tracer le nouveau plan d'études. Nous ne savons, en effet, nullement ce que serait l'enseignement de la future école !

ques de Paris, soit, en province, dans une bibliothèque universitaire, et cette combinaison aurait l'avantage de permettre aux
jeunes gens, tout en se préparant à la carrière des bibliothèques,
de poursuivre les études scientifiques vers lesquelles leurs ap-
titudes les auraient portés.

Une réforme de ce genre ne pourrait, toutefois, produire des
résultats véritablement heureux pour les bibliothèques que si la
carrière de bibliothécaire devenait véritablement une *carrière* [1].
A l'heure actuelle, elle n'en est une (et encore combien mesquine
et étroite dans la plupart des cas !) que pour les bibliothécaires
nommés et rétribués directement par l'État. Mais que dire de la
situation des bibliothécaires municipaux ?

M. Simyan parle, dans son rapport, de « *l'inorganisation des
archives et des bibliothèques françaises* », et si le terme est trop
fort pour les archives qui, en dépit de l'insuffisance de leurs res-
sources, sont arrivées, à peu près partout, à un degré d'organisation relative, il est, par contre, beaucoup trop faible pour ca-
ractériser l'état de chaos dans lequel se trouvent les 9/10ᵉˢ de
nos bibliothèques municipales. De ce côté, tout est à faire, et
rien ne se fera, en dépit de tous les projets de loi, tant que les
villes auront la haute main sur leurs bibliothèques.

Certes, de grands progrès ont été réalisés dans nos provinces,
particulièrement depuis trente ans, au point de vue de l'instruction et du développement des esprits, mais il faut bien reconnaître cependant que, d'une façon générale, et malgré tous les
efforts, on n'est pas encore parvenu à y constituer, dans l'ordre
intellectuel, une société éclairée et capable d'apprécier l'utilité,
ou pour mieux dire, la nécessité des établissements de haute
culture. Le public qui s'intéresserait peut-être à une bibliothèque
circulante de romans, et encore ! ne connaît même pas, dans la
plupart des villes, la bibliothèque communale, établissement
sérieux dont il n'apprécie pas le besoin. A quelques exceptions

---

1. En Allemagne, en Angleterre, aux États-Unis, le bibliothécariat est une
carrière. Et c'est là, à n'en pas douter, la cause non seulement de la supériorité du personnel des bibliothèques de ces divers pays (qu'il faut bien reconnaître, quoi qu'il puisse en coûter à notre amour-propre !), mais aussi de la
supériorité de leur organisation.

près, le local affecté à la bibliothèque est lamentable, les crédits annuels pour achats de livres insignifiants, les émoluments du conservateur trop souvent dérisoires [1]. Pour ce dernier, l'insuffisance du traitement s'aggrave encore de ce fait que la situation est, à la fois, « instable et subalterne », puisqu'elle dépend uniquement du bon plaisir du maire.

Il est inutile d'insister sur les conséquences fâcheuses que cet état de choses a eues pour le recrutement du personnel. Le moins qu'on puisse dire de celui-ci, c'est que, trop souvent, il n'est pas à la hauteur de sa mission, et ce n'est pas l'examen imposé, depuis 1898, pour l'admission aux fonctions de bibliothécaire municipal, dans une bibliothèque classée, qui pourra remédier à sa médiocrité. Ainsi que l'a fort bien dit M. Simyan, les ouvriers de bibliothèques doivent pouvoir vivre de l'exercice de leur métier, or, nous en sommes à ce point que, dans la plupart des villes, ils ne le peuvent pas. Dans ces conditions, il n'y a pas, et il ne saurait y avoir de candidats vraiment sérieux se présentant à l'examen de bibliothécaire municipal. On ne brigue pas un emploi qui, tout en étant à peine rétribué, ne présente ni garanties d'indépendance ni garanties d'avenir. Si l'axiome rappelé par M. Simyan est vrai : « *Tant vaut le personnel, tant vaut l'institution* », on s'explique maintenant l'une des principales causes de l'organisation défectueuse de la plupart de nos bibliothèques municipales, mais pour être juste, il faudrait ajouter que, dans le cas présent, ce sont les lacunes graves de l'institution qui, en rendant le bon recrutement du personnel à peu près impossible, ont amené son infériorité.

C'est donc à ces lacunes qu'il importe tout d'abord de remédier. Ainsi que je l'écrivais il y a deux ans dans un travail sur les « Bibliothèques publiques et leur importance », il faut arriver à organiser dans nos provinces des foyers d'études analogues à ceux que possèdent nos voisins. La France, on l'a déjà constaté, est

---

1. On pourrait, il est vrai, indiquer certaines villes où ils sont au contraire très élevés, mais ces gros traitements s'expliquent généralement par l'influence personnelle, et presque toujours politique, que le bibliothécaire possède, et il n'est pas besoin d'insister sur ce que cette situation présente de scandaleux.

un des pays où on lit le moins, et ce manque de curiosité intel-
lectuelle est, à n'en pas douter, une marque de grave infériorité
vis-à-vis des autres peuples. La force morale d'une nation est en
relation directe avec sa culture, et l'État républicain peut d'autant moins se désintéresser des établissements chargés de la
répandre qu'une démocratie sans instruction élevée serait, par
la force des choses, vouée tôt ou tard à la servitude. Dans l'in-
térêt général, nous estimons donc que la nationalisation de toutes les grandes bibliothèques françaises s'impose à brève
échéance. Le premier pas dans cette voie, et qui pourrait être
fait immédiatement, serait le rattachement au ministère de
l'instruction publique du personnel de toutes les bibliothèques
municipales importantes [1]. Il suffirait que dans un projet de
loi spécial portant réorganisation des bibliothèques (et nous
verrons plus loin que cette réorganisation ne présenterait pas
autant de difficultés qu'on le suppose), un article stipulât que
la nomination et la révocation des conservateurs et bibliothécaires de toutes les bibliothèques d'État et des bibliothèques
municipales classées appartiendra uniquement, à l'avenir, au
ministère de l'instruction publique, et que seuls pourront être
nommés à ces différents postes les candidats possédant un
des diplômes actuels, ou ayant subi l'examen nouveau dont
nous réclamons l'institution [2].

1. Rattachement direct et sans qu'il y ait, entre les bibliothécaires et le ministère, interposition d'aucun pouvoir. Nous savons, en effet, par l'exemple des
bibliothèques universitaires, combien une interposition de ce genre offre d'in-
convénients. Actuellement ces bibliothèques sont placées sous l'autorité du recteur, ce qui a pour fâcheux résultat de soustraire le bibliothécaire à son chef
naturel, l'inspecteur des bibliothèques, et l'expose, en outre, à des conflits déplorables, puisqu'ils le mettent parfois dans cette alternative ou de s'aliéner le
recteur en appliquant le règlement, ou de violer le règlement pour se conserver
les bonnes grâces du recteur. Ainsi que nous l'avons déjà dit ailleurs, les
bibliothèques universitaires devraient être, comme toutes les autres bibliothèques, indépendantes, et relever uniquement du ministre.

2. « C'est une erreur de croire, a-t-on dit, que toute personne instruite
peut remplir les fonctions de bibliothécaire. Un savant de grande valeur, fût-
il même doué des connaissances encyclopédiques les plus vastes, serait malgré
tout incapable de diriger une bibliothèque s'il n'avait soin, au préalable, de
se livrer à des études spéciales, complétées par une pratique très longue et
assidue de son nouveau métier. » (Graesel, *op. cit.*, p. 438.) Vérité universel-

Resterait la grave question des émoluments pour les bibliothécaires municipaux. « On ne saurait, dit à ce propos Auguste Molinier dans la *Grande Encyclopédie*, demander légitimement aux municipalités de prélever sur leur budget, souvent insuffisant, un traitement convenable pour le bibliothécaire ». Ce serait exact si l'on imposait à toutes les petites localités qui possèdent une bibliothèque classée « l'obligation de donner à leurs bibliothécaires des émoluments correspondant, par exemple, à ceux des bibliothécaires universitaires ; mais rien n'empêcherait d'opérer une sélection parmi les établissements dits « classés » [1] en ne faisant porter la réforme que sur les bibliothèques véritablement importantes, qui sont toujours des bibliothèques de villes relativement riches. Les sacrifices que l'État pourrait alors imposer aux municipalités de ces villes, en fixant pour chacun des membres du personnel scientifique un chiffre de traitement minimum, seraient sans aucun danger pour les finances communales dont ils ne grèveraient le budget (et encore ne le grèveraient-ils pas toujours !) que dans des limites extrêmement restreintes.

Nous indiquons, dans la proposition de loi qui forme la conclusion naturelle de cette note, quel pourrait être ce chiffre minimum, et nous établissons en même temps, en nous inspirant de l'organisation allemande, les bases d'un système d'avancement qui permettrait d'assurer à chacun un traitement proportionné à son mérite et aux services rendus.

Ce rattachement du personnel des principales bibliothèques des villes au ministère de l'instruction publique n'aurait pas seulement l'avantage de donner au cadre actuel des bibliothécaires plus d'homogénéité, mais aussi plus d'élasticité. Le chiffre des postes de bibliothécaire dans les établissements de

---

lement admise en Allemagne, mais qui aurait besoin d'être répandue chez nous. L'obligation du diplôme aurait cet avantage d'empêcher la nomination, à la tête d'établissements particulièrement importants, d'hommes qui peuvent être de remarquables écrivains, mais qui sont, sans conteste, de déplorables bibliothécaires !

1. Ces établissements sont ceux qui se trouvent indiqués dans l'*Annuaire des Bibliothèques et des Archives,* publié par le ministère de l'instruction publique.

l'État est si minime et les vacances d'emplois si rares, que nombre de jeunes bibliothécaires, diplômés depuis plusieurs années, ne peuvent obtenir la place à laquelle ils auraient droit, et finissent, las et découragés, par abandonner une carrière qui leur reste, par la force des choses, obstinément fermée. Il en serait tout autrement lorsque, la nationalisation que nous demandons ayant quadruplé le nombre des postes, les aspirants bibliothécaires auraient la certitude, en se préparant au concours, que le succès leur assurerait, à brève échéance, une situation honorable et suffisamment rétribuée.

L'ensemble des réformes que nous venons de préconiser, en unifiant les bibliothèques françaises, en en faisant un corps fortement constitué, amènerait, d'une façon naturelle, la création au ministère de l'Instruction publique d'un service spécial [1], qui formerait, en quelque sorte, la tête de l'organisme nouveau, et serait le centre du grand mouvement de réorganisation. Dirigé par un chef expérimenté et jouissant, dans la limite de ses attributions, d'une indépendance nécessaire, le service des bibliothèques exercerait son action par des inspecteurs spéciaux, recrutés parmi les bibliothécaires diplômés, et qui auraient pour mission de veiller à ce que l'œuvre de réorganisation s'accomplisse avec méthode, suivant les principes et les lois de la bibliothéconomie scientifique.

Nous allons essayer, en terminant, de tracer les grandes lignes du projet qui pourrait être soumis à l'approbation du Parlement et qui aurait, croyons-nous, le double avantage de donner satisfaction aux légitimes desiderata des bibliothécaires et d'assurer, d'une façon définitive, l'avenir des bibliothèques françaises. Peut-être comporterait-il une certaine augmentation de dépense sur le projet soumis en ce moment à l'étude de la Commission d'administration générale, mais, mieux que lui, à coup sûr, il

---

1. De grands services comme celui des Archives ou celui des Bibliothèques doivent avoir des directions distinctes et autonomes. Confier la direction de toutes les bibliothèques françaises au directeur de la Bibliothèque nationale, par exemple, déjà surchargé de besogne, serait une faute aussi grave que celle qui a consisté à rattacher toutes les archives de France à la direction des Archives nationales.

garantirait « *la conservation effective et l'utilisation des bibliothèques* ». En coordonnant leurs efforts, il leur infuserait une
nouvelle vie, et ouvrirait pour elles l'ère d'une prospérité
féconde, aussi bien pour leur développement que pour la cause
de l'instruction générale. Rajeunies et transformées, elles
pourraient enfin remplir pleinement le grand rôle d'éducateur
qui leur est assigné dans une démocratie, et devenir partout,
suivant la forte expression américaine, l' « university of peo-
ple », l'Université du peuple [1].

PROPOSITION DE LOI

RELATIVE A LA

RÉORGANISATION DES BIBLIOTHÈQUES DE FRANCE

TITRE I. — Dispositions générales.

ARTICLE PREMIER. — Les bibliothèques nationales, les bibliothèques
universitaires et les bibliothèques municipales indiquées sur l'état
annexe (Appendice I), sont rattachées directement, au point de vue
administratif, au Ministère de l'Instruction publique, et divisées en
trois classes correspondant à leur degré d'importance. La première
classe comprend les bibliothèques nationales, les bibliothèques universitaires et les bibliothèques municipales de premier rang. Les deux
autres classes sont réservées aux bibliothèques municipales d'importance moindre réparties suivant leur richesse actuelle, leur intensité
d'accroissement et leur degré de fréquentation, soit dans la seconde,
soit dans la troisième catégorie. L'état de classement ci-joint sera con-
trôlé tous les cinq ans, afin de permettre au Ministre, la Commission
consultative entendue, soit d'y adjoindre des bibliothèques nouvelles,

---

1. Qu'il me soit permis de remercier ici tous ceux qui ont bien voulu m'ai-
der de leurs conseils pour la rédaction de cette note, notamment M. Rouchon,
archiviste du Puy-de-Dôme, et plus particulièrement mon collègue et ami
M. Chambon, bibliothécaire à la Sorbonne, qui a eu l'obligeance de revoir ce
travail en manuscrit, et dont les observations m'ont été précieuses.

soit de faire avancer d'une classe les bibliothèques qui, en raison de leur développement, mériteraient de prendre place dans une catégorie supérieure à celle qui leur est présentement assignée.

Art. 2. — Le service des bibliothèques est dirigé, au Ministère de l'Instruction publique, par un chef de service nommé par le Ministre, et choisi dans le personnel supérieur des bibliothèques.

Art. 3. — Les inspecteurs généraux des bibliothèques, au nombre de quatre, sont nommés par le Ministre. Ils sont recrutés exclusivement parmi les bibliothécaires diplômés ayant au moins dix ans de service dans les bibliothèques de première classe. Deux places d'inspecteurs sont réservées aux bibliothécaires de province.

Art. 4. — Il est créé au Ministère de l'Instruction publique un Comité consultatif des Bibliothèques, composé de quatorze membres et présidé par le chef du service des Bibliothèques. Sont membres de droit de cette Commission : 1º les inspecteurs généraux ; 2º les directeurs des Bibliothèques nationale, de l'Arsenal, de la Mazarine, de Sainte-Geneviève, de la Sorbonne, de la Faculté de Droit et de la Faculté de Médecine. Les trois autres membres seront pris parmi les directeurs des bibliothèques de province et désignés par le Ministre.

TITRE II. — Recrutement du Personnel.

Art. 5. — Le personnel des bibliothécaires se recrute par voie de concours et conformément aux conditions du programme ci-annexé (Appendice II). Le concours a lieu tous les deux ans, et le nombre des candidats à admettre est fixé d'après le nombre présumé des vacances, majoré d'un tiers.

Art. 6. — Le jury d'examen se compose de sept membres et est ainsi constitué : le chef du service des Bibliothèques, deux inspecteurs généraux, le directeur de la Bibliothèque nationale, le directeur de la Bibliothèque de la Sorbonne, un des directeurs des autres bibliothèques de Paris et un directeur de province choisis par le Ministre.

Art. 7. — Nul ne peut prendre part au concours s'il n'a fait au moins un an de stage, soit dans une bibliothèque universitaire ou municipale de 1ʳᵉ classe, soit dans une bibliothèque nationale. Tout candidat doit être bachelier et justifier, en outre, d'un diplôme universitaire constatant qu'il a fait des études littéraires ou scientifiques sérieuses. La liste des diplômes donnant droit de se présenter au concours est jointe au programme précité. A chacun d'eux est affecté un coefficient qui entre en ligne de compte pour le classement définitif. Aucun candidat ne peut être admis à concourir s'il a eu plus de trente-cinq ans ou moins de vingt et un ans révolus au 31 décembre de l'année qui précède l'année où a lieu le concours.

Art. 8. — Sont supprimés les divers diplômes de bibliothécaires délivrés jusqu'ici par l'Etat. Sont toutefois maintenus les droits des titulaires actuels de ces diplômes et du diplôme d'archiviste paléographe.

Art. 9. — A partir de la promulgation de la présente loi, et pendant un délai d'un an, le Ministre de l'Instruction publique, sur avis conforme des inspecteurs généraux, pourra conférer par collation le diplôme de bibliothécaire à tous les bibliothécaires n'ayant pas subi d'examens, mais faisant partie du cadre des bibliothécaires depuis au moins cinq ans.

Art. 10. — Les bibliothécaires diplômés fournissent exclusivement le personnel de toutes les bibliothèques rattachées au Ministère de l'Instruction publique, ainsi que le personnel des bibliothèques des Écoles spéciales, des bibliothèques de l'Institut, du Muséum et des Écoles d'Athènes et de Rome. Ils ont en outre un droit de privilège pour tous les postes de bibliothécaires dans les bibliothèques non portées sur l'état ci-joint, mais soumises à l'inspection.

TITRE III. — **Personnel.**

Art. 11. — Le personnel des Bibliothèques constitue un corps unique dépendant du Ministère de l'Instruction publique. Il est divisé en trois catégories : *bibliothécaires* [1], *conservateurs*, *directeurs*. Les *bibliothécaires* sont chefs de service dans les bibliothèques de 3e classe. Dans les établissements de 2e et de 1re classe, ils se trouvent, au contraire, placés sous les ordres des *conservateurs* et des *directeurs*. — Les chefs de service des bibliothèques de 2e classe reçoivent le titre de *conservateurs* qui peut être également donné, dans les bibliothèques de 1re classe importantes, aux fonctionnaires placés à la tête des différents départements. Le titre de *directeur* est réservé exclusivement aux chefs des bibliothèques placées dans la première catégorie. Les traitements des différents fonctionnaires sont établis d'après les chiffres indiqués dans le tableau ci-dessous :

PROVINCE

Bibliothécaires. — Traitement de . . . . . . 2,000 à 4,000 fr.
    dans les bibliothèques de 3e et 4e classes.
        Traitement de . . . . . . 2,400 à 4,000
    dans les bibliothèques de 1re classe.
Conservateurs. — Traitement de . . . . . . 3,000 à 5,000
    comme chefs de service dans une bibliothèque de 2e classe.
        Traitement de . . . . . . 3,000 à 6,000
    dans une bibliothèque de 1re classe.
Directeurs. — Traitement de . . . . 5,000 à 9,000

1. Nous supprimons dans ce projet la classe des *sous-bibliothécaires*, qui n'a pas de raison d'être.

PARIS

Bibliothécaires. — Traitement de	3,000 à 5,000 fr.
Conservateurs. —	5,000 à 9,000
Directeurs. —	10,000 à 12,000

Les chefs des divers départements de la Bibliothèque nationale : imprimés, manuscrits, etc., sont assimilés aux directeurs et reçoivent un traitement de 10,000 à 12,000 fr. Par exception, le traitement du directeur de la Bibliothèque nationale est fixé à 20,000 fr.

L'avancement se fait en égale proportion au choix et à l'ancienneté. Pour les *bibliothécaires*, les promotions au choix ont lieu tous les deux ans ; à l'ancienneté, elles sont réglementaires tous les quatre ans. Chaque promotion est de 400 fr. Pour les *conservateurs*, l'avancement au choix a lieu tous les trois ans ; à l'ancienneté, tous les cinq ans, par promotion de 500 fr. Les promotions des *directeurs* sont de 1000 fr., et ont lieu au choix tous les quatre ans, ou à l'ancienneté tous les six ans.

ART. 12. — Tout bibliothécaire nommé à un emploi de rang supérieur à celui qu'il occupe et ayant, au moment de sa nomination, un traitement plus élevé que le traitement minimum afférent à sa nouvelle fonction, continue à recevoir les émoluments qui lui étaient jusque-là attribués.

ART. 13. — Dans l'année qui suivra la promulgation de la présente loi, les postes et emplois de bibliothécaire seront répartis en classes correspondant au tableau ci-dessus et les bibliothécaires en fonctions y prendront place en conservant leur traitement actuel, s'il est supérieur au minimum prévu pour la catégorie dans laquelle ils se trouveront placés. En cas contraire, le traitement minimum fixé par l'article 11 leur sera assuré à partir du 1er janvier suivant.

ART. 14. — Tout bibliothécaire débute par la dernière classe. Les postes vacants sont attribués aux candidats suivant l'ordre de mérite dans lequel ils ont été reçus au concours. Ceux d'entre eux qui se refuseront à faire du service départemental, n'auront droit qu'à la moitié des vacances survenant dans les emplois des Bibliothèques de Paris.

TITRE IV. — Budget des Bibliothèques.

ART. 15. — Les dépenses du service des Bibliothèques, relevant du ministre de l'Instruction publique, sont inscrites dans six chapitres distincts : 1° Bibliothèques d'État, personnel ; 2° Bibliothèques d'État, matériel ; 3° Bibliothèques municipales, personnel ; 4° Bibliothèques municipales, matériel ; 5° Contribution de l'État dans les dépenses des Bibliothèques municipales ; 6° Direction et inspection générale des bibliothèques.

ART. 16. — A compter du premier exercice qui suivra la promulgation de la présente loi, chacune des villes indiquées sur l'état ci-joint devra prévoir à son budget une somme globale comprenant les traitements du personnel de la Bibliothèque (directeurs, conservateurs et bibliothécaires) et les crédits divers de matériel. Cette somme sera fixée par le Ministre de l'Instruction publique, d'accord avec le Maire, et versée à l'État.

ART. 17. — La première loi de finances qui suivra la promulgation de la présente loi comportera deux chapitres nouveaux de recettes : bibliothèques municipales, personnel ; bibliothèques municipales, matériel. Leur montant sera égal à celui des crédits inscrits au budget des différentes villes.

ART. 18. — Dans le premier budget du ministère de l'Instruction publique qui suivra la promulgation de la présente loi, un crédit de principe de 20,000 fr. sera inscrit au chapitre nouveau : contribution de l'État dans les dépenses des bibliothèques municipales.

TITRE V. — **Mesures diverses.**

ART. 19. — Au point de vue de la retraite, les fonctionnaires communaux en exercice deviendront tributaires de la caisse des retraites de l'État. Dans la première année qui suivra la promulgation de la loi, il sera établi, pour chacun d'eux, le total de l'arriéré des retenues qui revient au trésor. Cette somme sera divisée en trois parties, dont un tiers devra être versé par l'intéressé, un tiers par la ville et un tiers par le Ministère de l'Instruction publique. Le refus de l'intéressé de verser la somme en question équivaudra pour lui à la renonciation à la retraite. Au cas où il existerait dans la ville une caisse de retraites municipale à laquelle le bibliothécaire aurait jusque-là versé, le montant des retenues ainsi perçues ferait retour de droit à la caisse des retraites de l'État, et la somme acquise de ce chef serait déduite de la part contributive fixée pour le bibliothécaire.

ART. 20. — Un règlement d'administration publique, rendu en Conseil d'État, fixera les formes d'application de la présente loi.

ART. 21. — Sont abrogées toutes dispositions des lois antérieures contraires à la présente loi.

Cet article ayant été distribué en tirage à part avant la publication du Bibliographe moderne, *mon collègue et ami M. Fécamp m'a écrit pour me faire remarquer que l'application du projet de loi qu'on vient de lire pourrait soulever certaines difficultés de comptabilité, qui disparaîtraient d'elles-mêmes si la loi nouvelle conférait aux Bibliothèques, visées dans notre travail, la personnalité civile. Je me rallie entièrement à la manière de voir de M. Fécamp, et, au cas où le présent projet serait pris en considération par les pouvoirs publics, il serait indispensable d'y ajouter, sous le titre Ier, un article ainsi conçu : « Chacune des Bibliothèques mentionnées à l'article 1er possède la personnalité civile ».*

APPENDICE I

TABLEAU DE CLASSEMENT DES BIBLIOTHÈQUES [1]

———

Bibliothèques de 1re classe.

Outre les bibliothèques nationales et les bibliothèques universitaires, sont classées dans la première catégorie les bibliothèques spécialement dénommées à l'article 10 de la proposition de loi, et les bibliothèques municipales suivantes :

Aix (Bibliothèque Mé-
janes).
Alger (Bibliothèque na-
tionale).
Avignon (Musée Cal-
vet).
Besançon.
Bordeaux.
Caen.
Clermont-Ferrand (Bi-
bliothèque munici-
pale et universitaire).
Dijon.
Douai.
Grenoble.
Le Havre.
Lille.
Lyon (Bibliothèque de
la Ville).
Lyon (Bibliothèque du
Palais des Arts).
Marseille.
Montpellier.
Nancy.
Nantes.
Nîmes.
Nice.
Paris.
Reims.
Rennes.
Rouen.
Toulouse.
Tours.
Troyes.
Versailles.

Bibliothèques de 2e classe

Amiens.
Angers.
Boulogne-sur-Mer.
Bourges.
Brest.
Châlons-sur-Marne.
Chambéry.
Chartres.
Limoges.
Orléans.
Poitiers.
Saint-Étienne.

Bibliothèques de 3e classe

Abbeville.
Agen.
Ajaccio.
Alençon.
Arras.
Auch.
Auxerre.
Bourg.
Carcassonne.
Carpentras.
Chaumont.
Laon.
La Rochelle.
Laval.
Moulins.
Nevers.
Niort.
Perpignan.
Quimper.
Soissons.

1. Ce tableau n'a pas la prétention d'être complet et définitif. Il a été dressé à l'aide des renseignements fournis par la *Minerva*. Tel quel, il suffit, cependant, à montrer de quelle façon la répartition des bibliothèques, dans les diffé-rentes classes, pourrait être effectuée.

APPENDICE II

PROGRAMME DU CONCOURS

Épreuve écrite.

Coefficients

1° Une composition sur une question de bibliographie ou de bibliothéconomie générale   20

2° Un rapport technique sur une question d'administration . .   15

3° La traduction d'une préface écrite en latin et l'analyse détaillée de deux préfaces écrites la première en allemand, la seconde en anglais   15

4° Le classement alphabétique et méthodique de dix ouvrages, parmi lesquels deux incunables et des livres imprimés en latin, grec, allemand et anglais, et la rédaction de la notice de deux manuscrits, l'un français et l'autre latin   40

Total.   90

Épreuve orale.

1° Éléments de l'histoire du livre   15

2° Bibliothéconomie et bibliothécographie   15

3° Questions de paléographie, de chronologie et de diplomatique. Notions d'iconographie et de numismatique   10

4° Classification générale des sciences et histoire des sciences .   10

5° Notions d'histoire littéraire générale. Questions détaillées sur l'histoire littéraire de la France   10

6° Bibliographie détaillée française et étrangère   15

7° Traduction de passages d'ouvrages de bibliothéconomie en allemand, anglais et, au choix du candidat, dans une troisième langue vivante, chaque langue supplémentaire recevant un coefficient de 4, à l'exception du russe et des langues orientales dont le coefficient est de 6.   15

Total.   90

Nul ne peut être admis s'il n'atteint pas le total de 100 points au minimum et s'il n'a pas obtenu, dans chacune des épreuves, une note correspondant au tiers du coefficient fixé. Exception est faite pour la quatrième épreuve écrite où la note minima est de 20.

Il est nécessaire, pour être autorisé à concourir, de produire un des diplômes ci-dessous indiqués. Ces diplômes entrent en ligne de compte pour le classement définitif avec les coefficients suivants :

Points.

Doctorat ès lettres et ès sciences, agrégations des lettres et des sciences, agrégations de médecine et de droit 15

Licence ès lettres, licence ès sciences, diplôme d'archiviste paléographe, diplôme de l'école des Hautes Études, doctorat en droit, doctorat en médecine, doctorat d'Université, diplôme de l'école des langues orientales 12

Licence en droit, certificats d'aptitude. 5

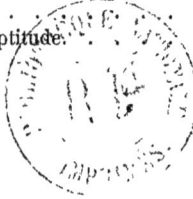

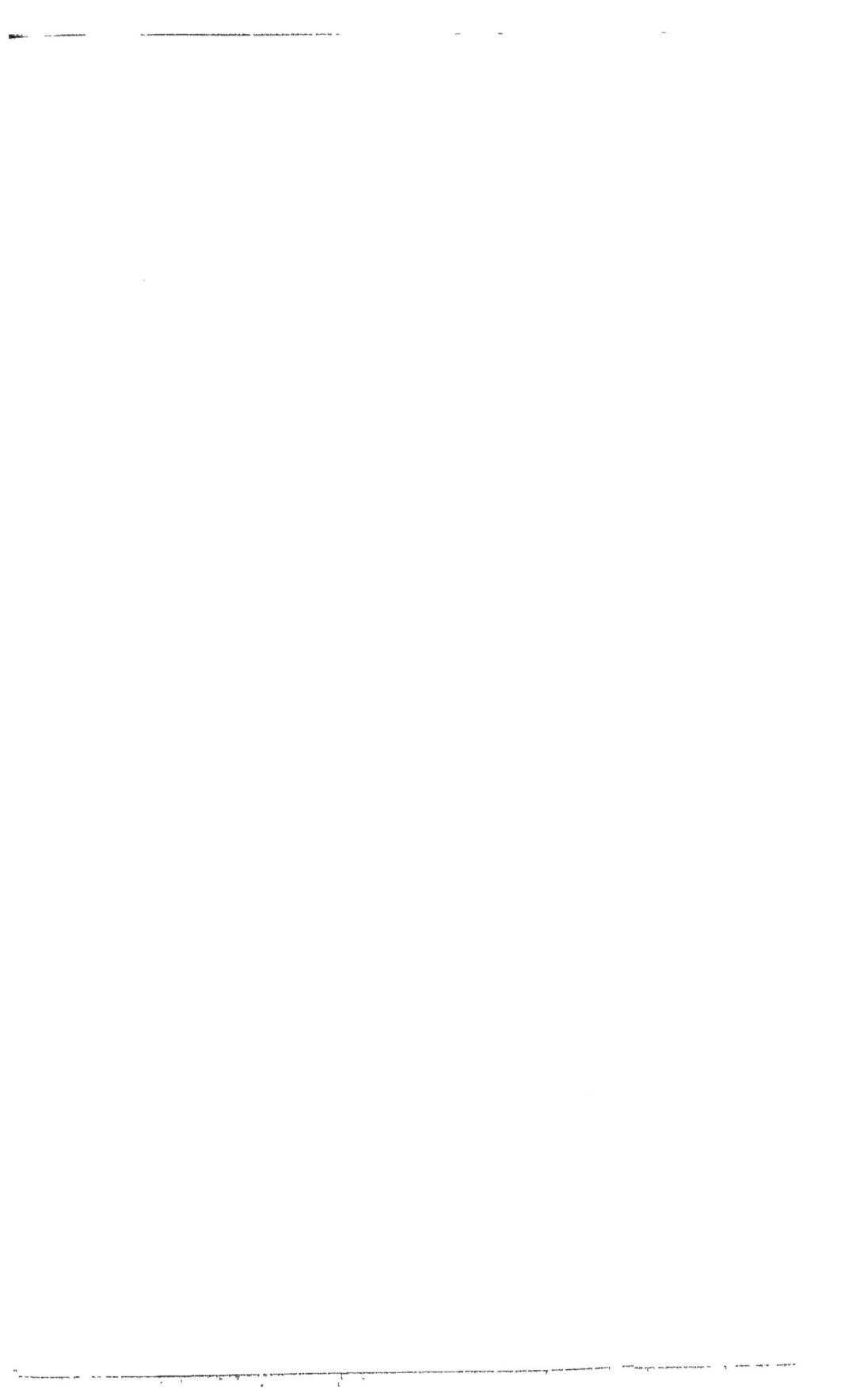

www.ingramcontent.com/pod-product-compliance
Lightning Source LLC
Chambersburg PA
CBHW050438210326
41520CB00019B/5977